이재철 목사의 기초 신앙 특강 ❸

Audio_사명자반 강의안

KB203224

Audio_ 사명자반 강의안

이재철 지음

홍성사.

Audio_ 사명자반 강의안

차례

01 믿음의 재정립 7

02 사명자란 17

03 사명자의 조건 23

04 복음에서 사명자로의 연결고리 I 29

05 복음에서 사명자로의 연결고리 II 35

06 복음에서 사명자로의 연결고리 III 41

07 사명자 노아 47

08 사명자 모세 53

09 사명자 예수님 61

10 그날이 오면 69

01 믿음의 재정립

(* 찬송가 80장)

1. 우리는 《성숙자반》에서 믿음이라는 추상적인 단어를 구체적인 개념의 단어로 재정립하는 것이 얼마나 중요한지 배웠습니다. 먼저 《회복의 신앙》에서 다루었던 믿음의 대체어를 복습해 보겠습니다.

1 |_____
_____
_____
_____

2 |_____
_____
_____
_____

3 |_____
_____
_____
_____

4 |_____
_____
_____

5

6

7

8

9

10

2. 이번에는 《성숙자반》에서 다루었던 대체어를 복습해 보겠습니다.

1 |

2 |

3 |

4 |

5

6

7

8

9

10

3. 이제 《사명자반》답게 믿음을 좀더 깊이 재정립해 보겠습니다.

1

2

3

4

5

6

7

8

9 |

10 |

4. 결론

1 |

2

* 찬송가 545장

02 사명자란

* 찬송가 81장

1. 다음 질문에 대해 함께 생각해 보십시다.

1 | 신·구교를 막론하고 서구 교회는 왜 몰락했습니까?

2 | 일반적으로 유럽의 식자층은 친親개신교적인 반면에 미국의 식자층 가운데는 친가톨릭적인 사람이 더 많은 이유는 무엇입니까?

3 | 미국에서 메가 처치Mega Church의 등장과 불교의 부흥이 동시에 일어나는 것은 무엇을 의미합니까?

4 | 구미 사회의 식자층이 티베트 불교와 달라이라마에게 심취하는 이유는
　 무엇입니까?

_____

_____

_____

_____

_____

_____

5 | 한국의 개신교인이 가톨릭으로 급속하게 유입되고, 특히 식자층의 가톨
　 릭 지향적인 현상은 무엇을 뜻합니까?

_____

_____

_____

_____

_____

_____

_____

6 | 오늘날 한국 기독교가 '개독교'로 모독당하는 이유는 무엇입니까?

_____

_____

_____

_____

_____

_____

2. 다음 구절들을 묵상해 보십시다.

1 │ 행 1:1-2

2 │ 고후 2:17; 4:2; 행 20:29-30

3 │ 마 13:3-9

4 │ 행 20:22-24

5 | 행 13:25

_____

3. '사명'이란 단어에 대해 함께 생각해 보겠습니다.

1 | 헬라어: 디아코니아$_{διακονία}$ / 어원: 디아코노스$_{διάκονος}$

① _____

② _____

③ _____

2 │ 이제 사명자를 한 문장으로 정의해 보십시오.

4. 다음 구절을 읽고 물음에 답해 보십시다.

1 │ 행 9:32-43 / 베드로는 왜 무두장이의 집을 숙소로 삼았습니까?

2 │ 행 13:44-52 / 비시디아 안디옥의 제자들은 어떻게 기쁨과 성령이 충만
　　한 삶을 살 수 있었습니까?

3 | 마 20:1-16 / 사명자가 구현해야 할 하나님 나라의 정신은 무엇입니까?

_____

_____

_____

_____

_____

_____

_____

_____

5. 결론

_____

_____

_____

_____

_____

_____

* 찬송가 380장

03 사명자의 조건

* 찬송가 82장

1. 그리스도인이 일평생 사명자로 살아가기 위해 지녀야 할 성경적 조건을 함께 생각해 보겠습니다.

1 | 빌 3:1-9

_____

_____

_____

_____

_____

_____

_____

_____

_____

_____

_____

_____

2 | 행 3:1-10

_____

_____

3 │ 행 5:1-11

4 | 행 6:1-6

5 | 렘 29:10-14

6 │ 행 24:24-27

2. 결론

* 찬송가 595장

04 복음에서 사명자로의 연결고리 I

* 찬송가 83장

1. 다음 질문에 답해 보십시다.

1 | 신약성경은 복음서로 시작하여 사도행전과 로마서로 이어지고 있습니다. 그 순서가 지닌 의미를 설명해 보십시오.

_____

_____

_____

_____

_____

2 | 그 책들의 상호 연관성에 대해 말해 보십시오.

_____

_____

_____

_____

3 | 복음의 핵심, 다시 말해 교회의 근거는 무엇입니까?

_____

_____

_____

_____

4 | 교회마다 크고 작은 내홍으로 진통을 겪는 이유는 무엇입니까?

5 | 요한복음 21장의 배경이 지니는 의미는 무엇입니까?

2. 요한복음 21장 1-6절을 읽고 함께 묵상해 보십시다.

1 | 1절

①

②

2 | 2-3절

3 | 4절

4 | 5절

5 | 6절

3. 결론

＊찬송가 312장

05 복음에서 사명자로의 연결고리 II

* 찬송가 84장

1. 요한복음 21장 7~14절을 읽고 각 구절을 묵상해 보십시다.

1 | 7절
_____
_____
_____
_____
_____
_____
_____
_____
_____
_____
_____
_____
_____
_____
_____

2 | 8~9절
_____
_____

3 | 10-11절

4 | 12절

5 | 13절

6 | 14절

2. 결론

* 찬송가 429장

06 복음에서 사명자로의 연결고리 III

* 찬송가 85장

1. 요한복음 21장 15-25절을 읽고 각 구절을 묵상해 보십시다.

　1 │ 15절 상반절

　2 │ 15-17절

3 | 18 - 19절 상반절

4 | 19절 하반절·23절

5 | 23절

6 | 24-25절

2. 결론

_____

_____

_____

_____

_____

_____

*찬송가 321장

07 사명자 노아

* 찬송가 86장

1. 사명자로 살았던 노아의 삶을 함께 조명해 보겠습니다.

1 │ 창 5:1-32

_____

_____

_____

_____

_____

_____

_____

_____

_____

_____

_____

_____

_____

_____

_____

_____

2 │ 창 6:1-12

_____

_____

3 │ 창 6:13 -16

4 | 창 6:17-7:5

5 | 창 7:6-12

6 | 창 7:17-24

7 | 창 8:13-22

8 │ 창 9:12-17

2. 결론

* 찬송가 450장

08 사명자 모세

1. 이 시간에는 사명자 모세의 삶을 조명해 보겠습니다.

1 | 출 2:1-10

_____
_____
_____
_____
_____
_____
_____
_____
_____
_____
_____
_____
_____
_____
_____
_____

2 | 출 2:11-15

_____
_____
_____

3 | 출 2:16-22

4 | 출 3:1-10

5 | 출 3:11-15

6 | 출 4:18-20

7 | 출 13:21-14:4

8 | 출 24:12-18; 31:18

9 | 신 34:1-12

10 | 마 17:1-4

2. 결론

_____

_____

_____

_____

_____

_____

_____

_____

_____

_____

_____

* 찬송가 447장

09 사명자 예수님

* 찬송가 89장

1. 모든 사명자의 본이신 예수님의 삶을 함께 묵상하겠습니다.

1 | 마 1:18-25

_____

_____

_____

_____

_____

_____

_____

_____

_____

_____

_____

_____

_____

_____

2 | 마 4:1-11

_____

_____

3 │ 마 8:1-17

4 | 마 14:13-21

5 | 마 14:22-33

6 | 마 21:12-17

7 | 마 25:31-46

8 │ 마 26:17-35

9 │ 마 27:27-50

10 | 마 28:1-10

2. 결론

_____

_____

_____

_____

_____

_____

_____

_____

_____

_____

_____

*찬송가 452장

10 그날이 오면

*찬송가 92장

1. 만약 오늘이 당신의 마지막 날이라면, 당신은 당신의 인생을 어떻게 스스로 평가
하겠습니까?

_____
_____
_____
_____
_____
_____

2. 성경은 인생을 어떻게 정의하고 있습니까?

1 | 창 3:17-19

_____
_____
_____
_____

2 | 욥 5:7

_____
_____
_____
_____

3 | 시 90:9-10

_____

_____

_____

_____

4 | 전 1:1-2

_____

_____

_____

_____

5 | 사 2:22

_____

_____

_____

_____

6 | 렘 10:23

_____

_____

_____

_____

_____

3. 다음 사람들의 유언을 묵상한 뒤, 마지막 질문에 답해 보십시오.

1 | 아브라함 / 이삭 / 야곱

_____

_____

2 │ 요셉

3 │ 모세

4 │ 여호수아

5 | 다윗

6 | 솔로몬

7 | 베드로

8 | 바울

9 | 이들의 공통점이 무엇입니까?

4. 2항과 3항을 근거로 사명자의 인생을 정리해 보십시오.

1 |

2 |

3 |

4

5

5. 오늘이 이 땅을 떠나야 할 마지막 '그날'이라는 가정하에, 각자 자신의 유언장을 작성해 보십시다.

6. 결론: '그날' 자신의 유언장이 살아 있는 사람들에게 유효하려면 어떻게 해야 하겠습니까?

_____

_____

_____

_____

_____

_____

_____

_____

_____

_____

* 찬송가 430장

이재철 목사의 기초 신앙 특강 ❸

Audio_사명자반 강의안

Supplementary Book of Audio_From Gospel to Acts

<u>지은이</u> 이재철
<u>펴낸곳</u> 주식회사 홍성사
<u>펴낸이</u> 정애주
국효숙 김의연 김준표 박혜란 손상범
송민규 오민택 임영주 차길환

2013. 12. 4. 초판 발행   2023. 2. 20. 7쇄 발행

<u>등록번호</u> 제1-499호 1977. 8. 1.
<u>주소</u> (04084) 서울시 마포구 양화진4길 3   <u>전화</u> 02) 333-5161   <u>팩스</u> 02) 333-5165
<u>홈페이지</u> hongsungsa.com   <u>이메일</u> hsbooks@hongsungsa.com
<u>페이스북</u> facebook.com/hongsungsa
<u>양화진책방</u> 02) 333-5161

ISBN 978-89-365-1003-9 (03230)